The Letter Oo

How Things Change

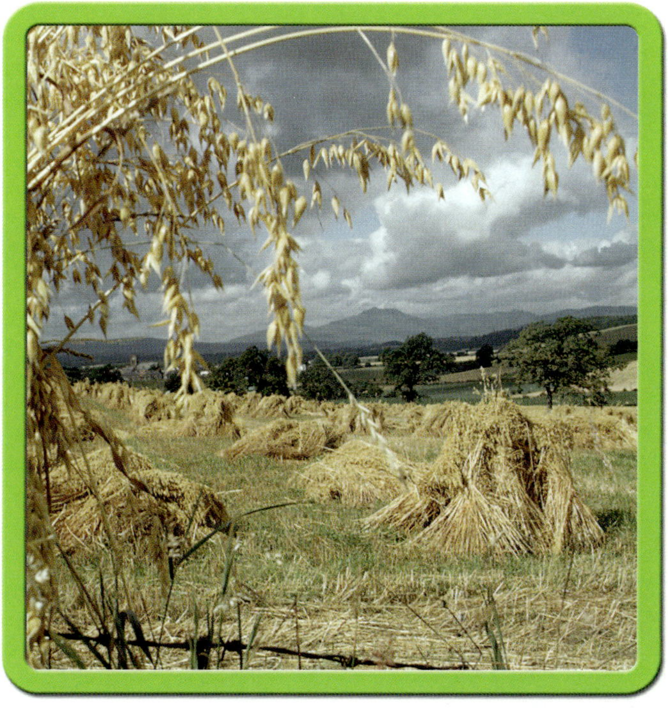

by Mary Lindeen

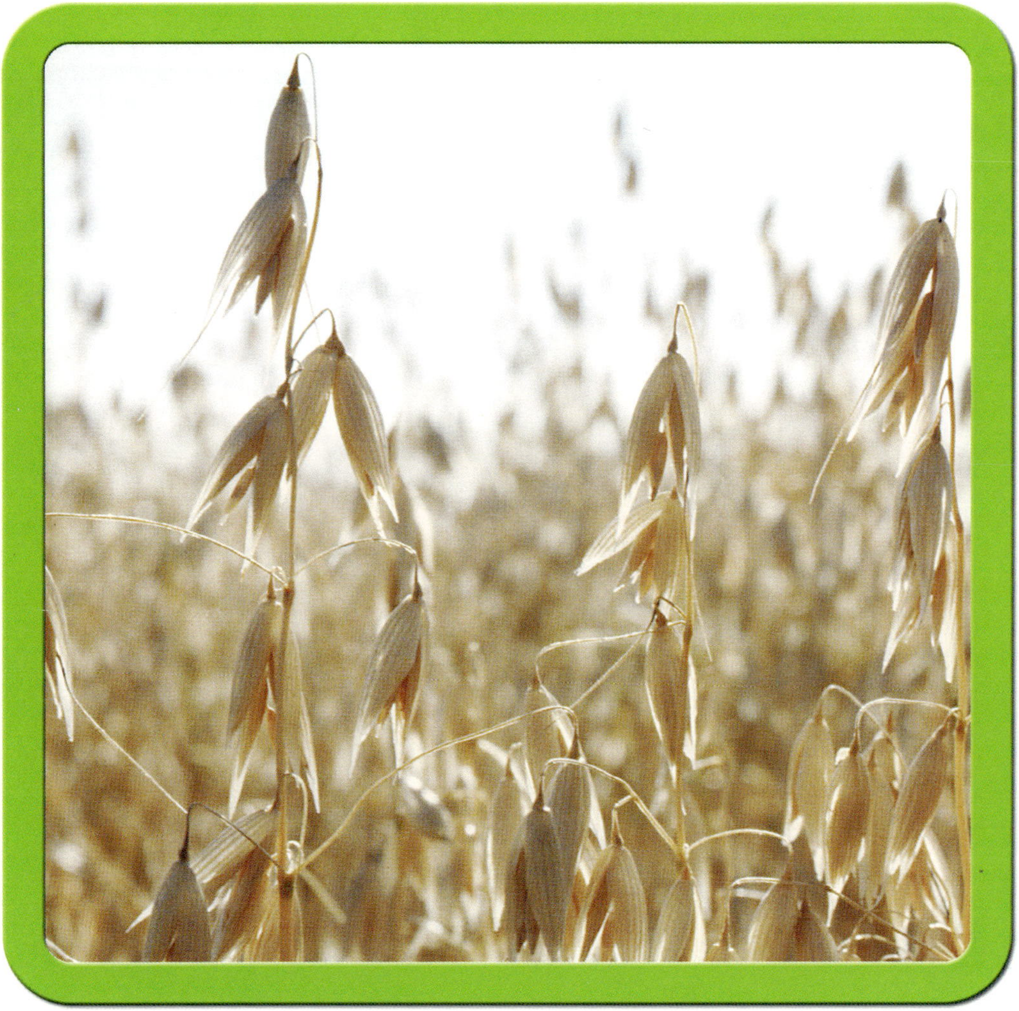

See the **o**at.

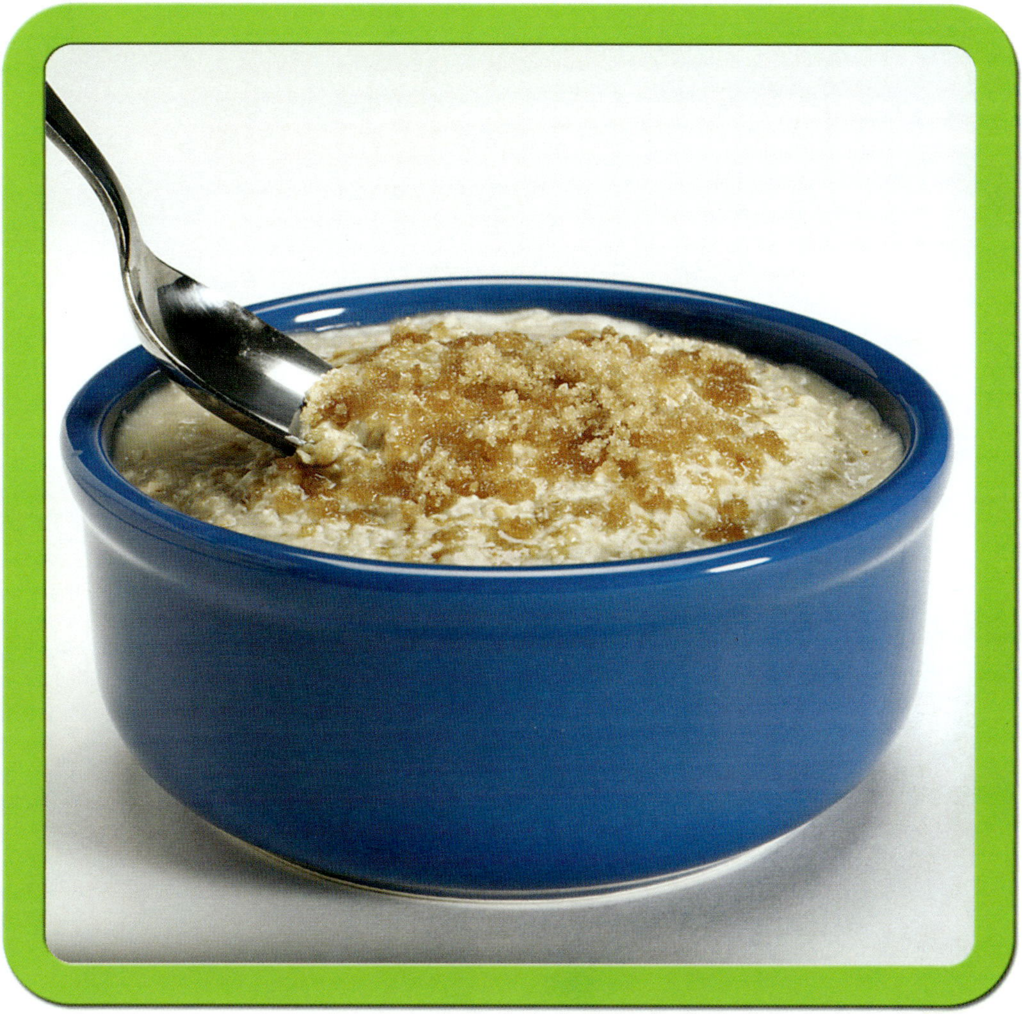

It is **o**atmeal.

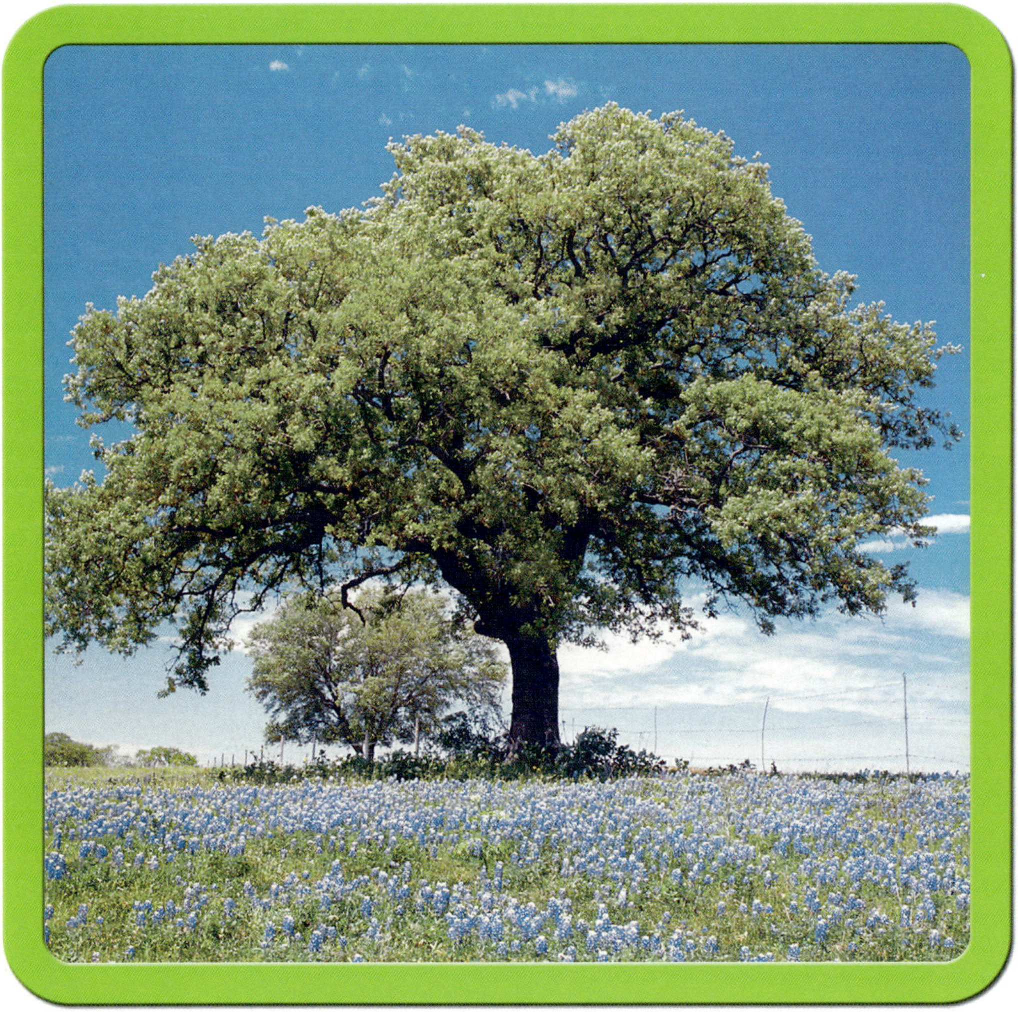

See the **o**ak.

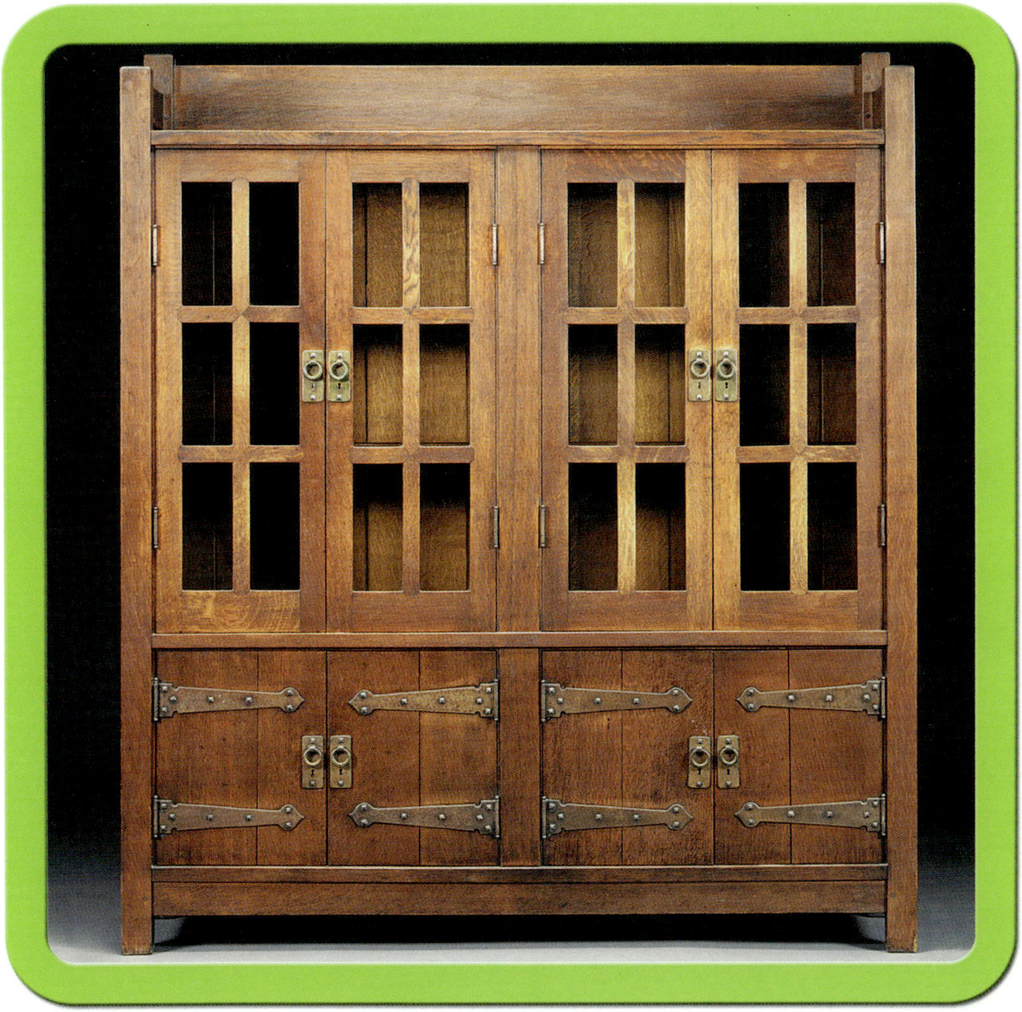

It is **o**ld.

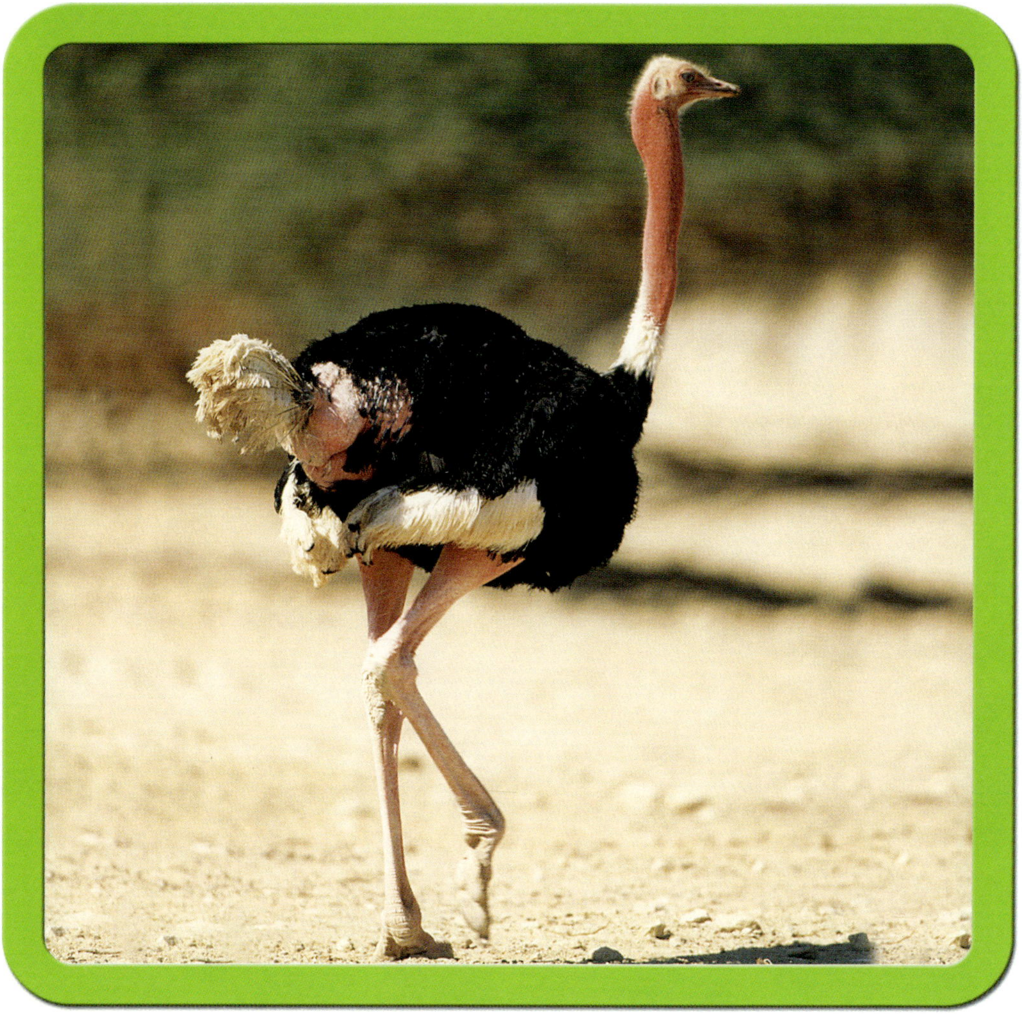

See the **o**strich.

an ostrich egg

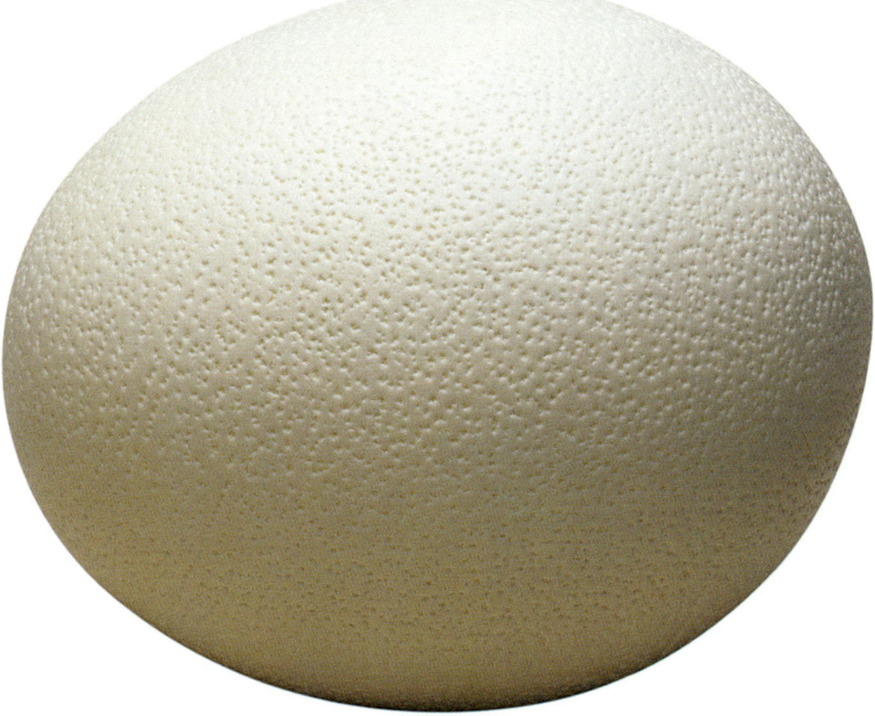

It is **o**val.

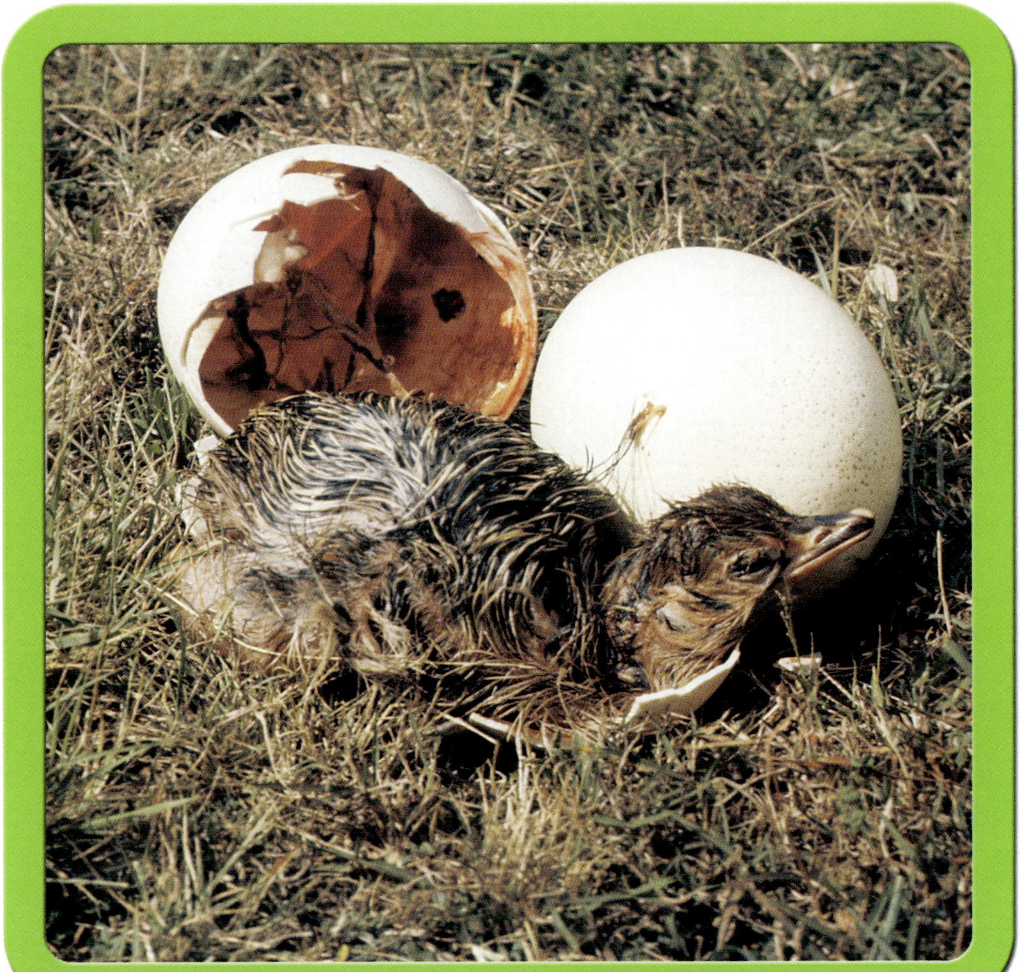

See the **o**ffspring!